당신을 사랑한다
말하지 않게 하소서

증보판

당신을 사랑한다
말하지 않게 하소서

증보판

이대근 시집

도서출판 **사람과사람**

보다 높고 깊고 맑은 뜻을 지니고
살고자 하는 모든 분들께

● 증보판을 내면서

이 시집은 1998년에 발간된 첫 시집의 증보판입니다. 오래 전에 쓰여진 시들이지만 시집을 찾는 분들이 꾸준히 계셔서 재판을 내려던 중에, 원래의 시에서 수정을 한 것들이 생기면서 증보판으로 바뀌게 되었습니다. 당시에 쓰여진 열일곱 편의 시가 더 실렸고 지금은 천상에서 영복을 누리고 계실 김남조 선생님과 정채봉 선생님, 두 분의 글을 초판에 담겨 있던 그대로 실었습니다.
첫 시집을 낸 후, 오랜 기간 동안 사제와 사목자, 학자와 상담자로 바쁘게 살아오면서 하느님께서 주신 시인으로서의 달란트를 땅에 묻어두고 살았습니다. 요즈음 다시 시를 쓰고 싶은 열망과 초대를 내면 깊은 곳에서 느끼고 있습니다. 과거의 시의 세계를 제 안에 잘 마무리하고 새로운 연륜에 맞갖은 시작(詩作)의 세계로 나아가고자 하는 것이 이 증보판을 엮게 된 또 다른 동기입니다.
시는 시인을 통해서 쓰여지지만, 사실은 그분으로부터 주어지는 은총의 선물입니다. 온 누리에 가득차 있는 그분의 메시지를 날마다 경이로움을 지니고 바라보게 만드는 이가 우리 안에 있습니다. 다만 좀 더 눈이 열리고 귀가 열리어 조금

이나마 그것을 받아 적을 수 있기를 바랄 뿐입니다.
시를 통해 더욱 자신이 정화되어 가고 그분의 현존을 드러내는 작은 도구로 쓰여질 수 있기길 소망합니다.

                2025년 가을에
                        이 대 근

● 초판 시집 머리에

  내 생명의 가장 아름다운 부분을 뽑아
  단 한편의 시(詩)를 쓰게 하시되
  그 시가 나의 삶보다 아름답지 않게 하시고
  나의 삶이
  가장 아름다운 그 시보다 더 아름답게 하소서

지난 세모(歲暮)에 평화신문 신춘문예를 심사하던 중에 위의 한 귀절이 특히 돋보였다. 여러 편의 작품이 함께 보내져 왔었는데 대체로 그 성숙도가 고르고 율조가 안정되어 이 사람에게 당선의 영예를 주어 반갑게 시단에 맞아들이기로 심사위원들의 합의를 이루었다.
후에 알게 된 바, 그는 천주교의 젊은 신부였고 시 창작의 습작 과정도 건실하여 그 작품량도 한 권의 책을 엮을 만한 것이었다.
국난(國難)이라 일컫는 암담한 현 시국에서도 샘물처럼 맑은 시정(詩情)의 새로운 시인이 출현한 일이 경사스럽다. 사제나 수도자 중에서 시인이 나온 일은 처음이 아니며 이미 좋은 선례를 몇 분 꼽을 수 있고 이에 이대근 신부 역시도 그

계보에 힘을 더 실을 일이라 여겨진다.
이미 성직을 택한 그에게 있어 두 번째 선택이 될 시인의 길에도 은총의 이슬 같은 것이 내려 무거운 성숙과 빛나는 성과가 이르게 되기를 축원한다.
다만 사제의 길이 어찌 순조롭겠으며 이에 못지 않게 시인의 행로도 험난할 것이기에 앞으로의 장구한 도정에서 부디 낙망과 좌절을 극복하며 나아갈 용맹과 극기를 함께 빈다.
오늘 이 분의 시는 순열하고 애잔하며 담백 진솔한 노래들이다. 그러나 이러한 초기시적 특징은 더 심도 있게 전개되어 시 세계 전반의 깊이와 높이를 더해 가야 할 것이다. 바로 이 책무로 인해 시업(詩業)은 하나의 고행 길임을 잊지 말기 바란다. 이 시인의 새 출범이 나에게도 매우 기쁘다.

1998년 초봄에
김 남 조

● 차 례

증보판을 내면서
초판 시집 머리에

제1부 ● 시인의 기도

봄날 저녁 · *17*
사람의 길 · *18*
꽃 · *19*
어머니 · *20*
말하지 않게 하소서 · *22*
벗에게 · *23*
시인의 기도 · *24*
어머니 · *25*
꿈 · *26*
달 · *27*
그리움 · *28*
두 세계 · *29*
달빛 심상 · *30*
조약돌 · *31*
너에게 · *32*
산 · *33*
달 아래서 · *34*
별밤에 · *35*
그림자 · *36*
옷 · *37*
길잃은 아우 · *38*
담쟁이 · *40*

차 례

제2부 ● 별들의 전쟁

시 · 45
초소의 달 · 46
꿈이었더라 - 제대하는 날 · 47
어머니께 · 48
은행잎 · 50
까치집 · 51
달맞이꽃 · 52
초승달 · 53
별들의 전쟁 · 54
아버지 · 55
서울의 달 · 56
기일(忌日)에 · 58
가을 엽서 · 60
귀원(歸院) 길 · 62
겨울 억새 · 64
낙산 편지 I · 66
낙산 편지 II · 67
낙산 편지 III · 68
낙산 편지 IV · 69
낙산 편지 V · 70
낙산 편지 VI · 71
낙산 편지 VII · 72

● 차 례

제3부 ● 달빛 편지

당신은 · 75
세례받는 벗에게 · 76
기도 · 77
철길에서 · 78
밥상 · 79
사제 일기 1 | 신부(father) · 80
사제 일기 2 | 잠자리에서 · 81
사제 일기 3 | 백로 · 82
사제 일기 4 | 얼굴 · 83
사제 일기 5 | 선꿈(迷夢) · 84
사제 일기 6 | 취생몽사(醉生夢死) · 86
달빛 편지 · 87
별 · 88
기도 · 89
어느 수도원에서의 미사 · 90
가을 산행길에서 · 91
텅 빈 성당에서 · 92
미사 일기 Ⅰ · 94
미사 일기 Ⅱ · 95
미사 일기 Ⅲ · 96
미사 일기 Ⅳ · 97
미사 일기 Ⅴ · 98

차 례●

제4부 ● 산(山)

산 1 | 하루 종일 들린다 · *101*
산 2 | 달팽이 · *102*
산 3 | 매미 소리 · *103*
산 4 | 산에서는 · *104*
산 5 | 꽃을 보다가 · *105*
산 6 | 무덤가의 민들레에게 · *106*
산 7 | 산에 오르는 이유 · *107*
산 8 | 산이 말했습니다 · *108*
산 9 | 위하여 · *109*
산 10 | 산은 또 이렇게 말했습니다 · *110*
산 11 | 등산 · *111*
산 12 | 산이 묻습니다 · *112*
산 13 | 수석(壽石) · *113*
산 14 | 산정(山頂)에서 · *114*
산 15 | 부처의 몸 · *115*
산 16 | 산과 나 · *116*
산 17 | 아침 산에 올라 · *117*
잠자리에 누워 · *118*
옥수수밭에서 · *119*
수도원에서 묵으며 · *120*
석문 방조제에서 · *122*
부활절 아침에 · *124*

● 차 례

제5부 ● 영원의 뜨락에서

시(詩)와 고향 · *129*
묵상 노트 · *135*

초판 발문(跋文) | 참 맑다 | 정채봉
초판 후기(後記)

제1부 ● 시인의 기도

봄날 저녁
사람의 길
꽃
어머니
말하지 않게 하소서
벗에게
시인의 기도
어머니
꿈
달
그리움
두 세계
달빛 심상
조약돌
너에게
산
달 아래서
별밤에
그림자
옷
길잃은 아우
담쟁이

봄날 저녁

바람은 달래꽃 내음 풋풋한
산 마루를
꽃잎 향기 옷고름 달고 훌훌 넘는다

석양이
터질대로 농염한 여인의 입술이
서산에 길게 입맞춤하는

봄날 저녁이면

나는 황금빛 그림자를 물들인 나무되어
들판에 서서
귀소 본능을 잊는다

사람의 길

매일 저녁 처마에 걸린 달을 거울처럼 들여다보며
잃어버린 나를 비춰 보고 싶다

방 안의 난초보다 마당에 저절로 크는 잡초들에게서
사람의 향기를 배우고 싶다

조용히 명상하는 산의 꿈 위에 뜬 샛별을 바라보며
말없이 그 눈빛을 닮아 가고 싶다

누군가를 위해 생명을 바칠 준비가 되어 있을 때
마침내 한 인간을 사랑하고 싶다

가장 사랑할 수 없는 한 사람을 위해 목숨이 저문 후에
비로소 사랑했노라고 고백하고 싶다

꽃

네가 웃으니
어두운 내 마음 속 수천 개의 방에
일제히 등불이 켜지다

수억만 광년의 밤길을 별빛으로 달려온 너의 눈빛이
일찍이 새털구름 한 올 떠 본적 없는
내 가슴 속 창궁을 흔들어 깨우다

우리 눈빛이 마주치니 해와 달이 지나가다
길을 멈추고
침묵의 강가에
새 소리 홀로 푸르러 가다

네가 말을 하니
너의 말은 연어처럼 내 품속에 뛰어들어
알 하나 낳다

어머니

나의 어머니 몸에선
인고(忍苦)에 절은
해바라기꽃 기름 내음이 난다

해바라기처럼 섧은 당신 청춘은
나의 청춘 속에 꽃으로 지고
나의 청춘은
당신 청춘 속에 소금밭으로 피었으리니
어머니 당신의 삶은
생명을 뽑아 햇살을 짜아내 온
꽃거미의 삶

당신으로 인해
나는 사랑의 웃는 얼굴과
우는 얼굴을
동시에 알았다

부끄러운 햇살에 홍시가 익는
이 곳 출가(出家)의 땅

감잎 붉게 지는 10월 석양엔
장미꽃 화관을 쓰고

맨발로 선
내 어머니의 얼굴이 낭자(狼藉)하다

말하지 않게 하소서

당신이 드높은 산
내가 그 안에 흐르는
맑은 시냇물 아니거든
당신을 사랑한다 말하지 않게 하소서

천 개의 당신 가슴에
내가 우물로 있고
우물마다 당신이 달로 뜨기까지
당신을 사랑한다 말하지 않게 하소서

모두가 잠들고 홀로 깨어있을 밤이거나
모두가 살아있고 홀로 눈감을 낮이거나
내 영혼 새벽별같을
그 순간을 위해
무어라 한마디는 남겨야겠사오니

당신으로 하여 내 뼈마디가 울리고
사랑한다고 더 이상
말할 필요가 없을 때까지
당신을 사랑한다 말하지 않게 하소서

벗에게

내 마음 속
가장 밝고 눈부신 그 곳에
너를 넣어 두리라

풀무치보다도 부끄러워 숨고 싶은 밤마다
먹구름 열리고 달을 맞이하듯이
모올래 너를 꺼내 보리라

아무리 삶이란 찬비가 푸른 산을 뒤흔들어도
네게만은
고산(高山)의 담자리꽃 눈빛으로 다가가리라

내 마음 속
가장 맑고 정갈한 그 곳에
너를 넣어 두리라

시인의 기도

나의 시가
아직 으스름달도 시퍼렇게 알몸인 새벽
부지런한 조롱박에 떠 올린
첫 우물물이게 하소서

나의 시가
숨가쁜 단풍잎 너머 졸고 있는 산 위에
진한 피를 흘리우는 석양보다
더 붉은 참회이게 하소서

내 생명의 가장 아름다운 부분을 뽑아
단 한편의 시를 쓰게 하시되
그 시가 나의 삶보다 아름답지 않게 하시고
나의 삶이
가장 아름다운 그 시보다 더 아름답게 하소서

그러나 주여
당신께 도달할 내 마지막 시는 침묵임을 아오니
시란 단지 침묵으로 가는 다리,
다리를 건너
뜨면 눈멀듯 맑은 당신을 뵙게 하소서

어머니

마음이 가장 괴로울 때
'어머니' 하고 창공에 부르면
창공은
한꺼번에 쏟아지는 무수한 빗방울이 된다

가장 외로울 때
'어머니' 하고 바람에 부르면
바람은
수천 골을 뒤흔들고 돌아오는 메아리가 된다

산을 녹여 강을 만들고
가이없이 슬픈 얼굴로 기쁨을 빚어 온 사랑
그러기에 가장 그리울 때

'어머니' 하고 달을 향해 부르면
달은 금방이라도
활짝 피어오르는 박꽃이 된다

꿈

언젠가 누군가 꿈을 꾸어
나는 그 꿈 속에 피어난 한 송이 꽃

가끔 나의 꿈에도
꽃이 피고
길 잃은 아이 서성이고
크낙한 바다 가운데 물방울 일었다 지곤 하나니
나 또한 꿈꾼 이 앞에
그런 꿈일러라

어항 속의 금붕어처럼 쏘다니는 나의
하루하루는
그를 더듬어 찾아가는 슬픈 몸짓

지금은 비록 꿈결 속에 그를 보지만
밤 안개 걷히고 아침 산이 드러나듯
언젠가 이 슬프도록 아름다운 꿈 깨이는 날

내 안에서 그의 진짜 얼굴을 보리
그 안에서 나의 진짜 얼굴을 보리

달

오, 이는 오오래 전에 잃어버린 이름.
나의 피가 돌기 전에 싹텄던 나의 넋.
아득히 드맑게 걸리어 가야금 현처럼 흐느끼는
또 하나의 내 얼굴.
잊혀질 수 없는 얼굴과 떠올릴 수 없는 얼굴 사이의
아득한 거리.
섧은 인두겁의 그림자 버리고 버린 후에 마지막 남을
한 덩어리 순수.
차마 '나'라고 하기 부끄러워 '너'인 것.
오, 이는
나의 언어가 무수히 피를 흘려도 도달치 못할
영구침묵의 성역.

그리움

낮에는 바쁜 일상 속에 숨어 있다가
밤이면 가슴 속 뜨락에
백일홍으로 피어나는 그리움

이런 날은 문을 닫고 울고 싶어라

고독이 하얀 옷을 입고 밤길로 오고
그리움 장대비 되어 청산에 퍼붓는 날은
죽음처럼 퍼붓는 날은

정배 잃은 이리되어 울고 싶어라

인두겁이고 수단자락이고 다 벗어 놓고
혼(魂)만 나비처럼 날아
혼만 나비처럼 구만 구천리 밖 태극기류로 날아
새파란 하늘 천장에 머리 으깨이고
으깨이고 울고 싶어라
울고 싶어라

두 세계

웃으며 같이 거닐다
인사하고 돌아선 순간
이미 너와 난 선 세계가 달랐다

애초 우리는 사막에 나타나는
서로의 신기루를 본 것인 듯

언제부터인가 너와 나 사이에
어떤
건널 수 없는 허공이 생겼나부다

하나의 일월(日月)이 뜨고 지지만
우리는 두 개의 무인도에서 목을 드리우고 산다

어느 아득한 모태 속에
씨앗으로 함께 있던 날들의 기억을 더듬어
우리
바위뿐인 두 세계를 합쳐 보자

한 덩이 눈물로 다시 만나자

달빛 심상

훤한 달밤에 혼(魂)이 부시시 잠을 깬다

달을 향해 하얀 혼이 걷는다
꽃밭처럼 채이는 달빛을 밟으며
첫눈처럼 날리는 달빛을 묻히며

달은 향그러운 능금

달의 거울에 비친 혼
달의 눈빛에 투시된 혼의 살과 뼈, 혼의 하얀 옷,
혼의 하아얀 알몸

혼이 춤을 춘다, 혼의 노래가 달의 혈관 깊은 곳에
맑게 울린다
달과 혼이 춤을 춘다
밤새도록

조약돌

억만년 전
눈 부릅뜨고 작렬하던 태양의 열기가
원시적 우뢰의 울부짖음이
네 가슴속에
잠들어 있는가

삶은 달걀처럼 너의 배를 살짝 가르면
이 강의
뭉게뭉게 피어오르던 천년 전의 풍경화와
사슴이며 토끼의 그림자가
눈 비비며
튀어나올까

루비나 사파이어 에머랄드처럼
이름 없어도
저마다 세월 깊이 깊이 간직한
가난과 은일의 노래

밤이면 물새처럼 떼지어
물가로 내려오는 별들의 영혼과
네 영혼은
황홀히 교접하고 있는가

너에게

나는 꽃술에 묻힌
꿀벌이 되어
너를 부른다

그토록 사랑을 해도 준 것이라곤 없고
그토록 사랑을 해도
받은 것 또한 없어
그토록 사랑한 후엔 너만이 남는

사랑이란 서로의 가슴에
가장 성스러운 발자취를 남기며 걷는 길
서로의 영혼에
날개를 달아 주는 행위일지니

드디어 가슴 저미며 돌아서야 할 날
나는 내 품속으로부터
아픔의 하늘로 솟구칠 네 금빛새를 보리라

산

청산(靑山)만이 산이 아니라
마음속에 지울 수 없는 산 하나 있어.

밟은 이 있어도 발자국 없고
죽지 않고는 오를 수 없고 오르지 않고는 살지 못할
마음속에 아득한
산 하나 있어.

연꽃처럼 피워 받든 마음의 하늘을
온통 푸른 비로 쏟아져 내리는
산의 얼굴
얼굴
얼굴아.

그리움은 청산의 학(鶴) 모가지가 돼가는데
부끄러운 연륜 속에
목마른 목숨밭 속에
날마다 그 높이가 높아만가는
산 하나 있어.

달 아래서

솔잎에 곱게 빗질하며 가는 달

잎새마다 달빛이 묻어 창백한 나무
문을 열고 달 아래 서면
나의 살결도 눈(雪)처럼 옥토끼처럼 희다

"언제나 당신을 닮아
한 점 티없이 맑은 얼굴 하오리까?" 하고 물으면

달은 말이 없이 빙그레 웃는다
달의 슬프도록 투명한 손길을 따라 손짓을 따라

눈감으면 하얀 백로(白鷺)가 되어
나는 달과 나 사이의 어떤 강물을 날아 건너고

솔잎에 곱게 빗질하며 가는 달
가슴 속에 달 하나 떠서
그림같이 그 달을 따라간다

별밤에

별이 동화처럼 빛나는 하늘

한번 돌 팔매질만 하면
우박처럼 우수수 떨어져 내릴 것 같은
별밭입니다

새삼스러운 것도 아닌데
그대와 내가 사슴 아닌 사람으로 태어났다는
사실에
왜 이리 눈물이 날까요?

몰래 사다리를 타고 올라가
잣나무 숲에 걸린 별 하나를 따서
편지 봉투에 넣어
그대에게 보내고 싶은 밤입니다

그림자

밤엔 오장육부 어느 벽에 붙어 잠자다가 빛과 함께 슬슬
기어나오는 것, 눈뜨면 이미 나보다 먼저 일어나
등 뒤에
둥우리 틀고 있는 것
조상이 먹었다는 달콤한 열매가 실은 어둠과 빛이 교미하여
낳은 알이었기에 나기 전부터 나는 이미
두 개의 인장을 가슴에 박은 박쥐의 운명이었다

해바라기의 고운 눈으로 하늘을 우러를 때도 땅바닥엔
언제나 조소하는 네가 배를 깔고 있다

이는 필경 무지개 뜨는 언덕 너머까지 함께 갈 손님
버릴 수 없는 나의 반쪽일지니

오너라, 해와 함께 찾아오는 나의 벗이여!

옷

어릴 때는
풋사과 같은 엉덩일 드러내고
그대로 방실방실 웃었다

논두렁에 뚝새풀이 한창 자라면
개구리처럼 배꼽 내놓고 개헤엄 치고
그도 지치면
청보리 꺾어 피리 불던 때가 소년이었다

모든 인간의 생애 속에는
실낙원의 슬픈 역사가 있는 것

하늘 아래 늘 푸른 몸뚱이로 사는 짐승이
부러울 나이가 되면 안다
지난 날 벌거벗고 놀던 때
가장
아름다운 옷을 입고 있었음을

길잃은 아우

본래 너의 영혼은 하늘의 초롱초롱한 별,
지상에 내린
한 포기 꽃

일찌기 따스한 햇살 한 번 나눠보지 못하고
피자 마자 낮과 밤으로
갈라선 우리

세상은 너를 버섯이라 부른다만
밀밭에 달이 익는
밤마다
난 네 어릴적 눈망울을 잊을 수 없어

가슴에 너를 품고 흘린 눈물이
호수 되고
그 호수가 말라 소금밭이 되도록
왜 나는 네 슬픔이 되지 못하고
너는 내 기쁨이 되어줄 수 없을까?

세상이 추워지는 날엔, 아우야
별들을 보자

언젠가 네가 벌거숭이 둥지새가 아니라
야생의 날개 퍼득이며
비상하는 날을 기다리리라

담쟁이

무작정
오르려고
오르려고만 애쓰다
이미 너무도 아득해져버린
머리끝에서 발끝까지의
거리

더이상 발돋움할 곳 없는
담장 위에서
새파랗게 질린 표정으로 생각에 잠긴 너,
너의 몸엔 온통
깔깔깔 웃는
이파리들의
웃
음
소
리

푸른 달밤이면 들린다
달빛에 몸을 섞는 잎사귀들의 뒤척임
이무기처럼 꿈틀거리며 우는
으허허헝

너의
울
음
소
리

제2부 ● 별들의 전쟁

시
초소의 달
꿈이었더라 | 제대하는 날
어머니께
은행잎
까치집
달맞이꽃
초승달
별들의 전쟁
아버지
서울의 달
기일(忌日)에
가을 엽서
귀원(歸院) 길
겨울 억새
낙산편지 Ⅰ
낙산편지 Ⅱ
낙산편지 Ⅲ
낙산편지 Ⅳ
낙산편지 Ⅴ
낙산편지 Ⅵ
낙산편지 Ⅶ

시

내 생명의 일 년을 줄여
단 한 줄의
시를 쓸 수 있을까

내 목숨의 십 년을 주고
단 한 편의
시를 엮을 수 있을까

쳐다보면 오늘도 죄없이 푸른 하늘
부끄럼없이 쑤욱 쑥 자라는
보리밭

언젠가는
저 보리밭 위에
조용히 물들어갈 석양
석양처럼 사위어가도 좋을
시를
쓰리라

초소의 달

대공 초소의 달은
잘 익은 호박

호박꽃 밤에 웃는 고향집 툇마루에서
꾸벅꾸벅 졸며
묵주알을 굴리고 계실
어머니의 얼굴

달빛으로 편지지를 삼아
별빛마냥의 긴 사연을
적어 볼까?

가슴뼈 하아얗게 드러낸 풀벌레처럼
풀벌레처럼 서글피
서글피 울어 볼까?

대공 초소의 달은
잘 익은 호박
호박꽃

꿈이었더라
― 제대하는 날

'살아야 한다 살아야 한다'고
이를 악물던 날들도
비는 내리고
눈은 내리고

'죽어버리자 죽어버리자'고
허물어지던 날들도
눈은 내리고
비는 내리고

눈 떠 보니 다
고된 막노동이 끝나고 공사판에서 마시던
한 사발 막걸리 맛과 같은
그런 꿈이었더라
꿈이었더라

어머니께

별이야 밤이 되면 다시 뜨지요
순(筍)이야 새봄 오면 다시 돋지요
한 분 뿐인 당신은
아,
한 번 뿐인 인연으로 마지막입니까?

온몸에서 눈부신 털을 뽑아
애벌레인 저를 위해
집을 짓고는
문 밖의 겨울을 떨면서 떨면서
살아온 당신

정작 당신이 늙으셨음을 알았을 때
당신께 드릴 것이 아무것도 없음을
깨닫는
이 까마득한 슬픔

어머니
한 번만 더 삶을 살 수 있다면 부디
저의 아들로 태어나소서
자식으로 못 다한 도리
어미의 마음이 되어 갚겠사오니

인간이 지닌 얼굴 중에
가장 아름다운 얼굴을 지니신
나의 어머니시여!

은행잎

노오란 은행잎은
누님이 시집가기 전 새로 해 입었던
노랑 저고리

무지와 가난속에도
늦가을에 은행잎을 따 책갈피에 꽂는 맘으로
인생을 매무시하고자 했던 누님

노오란 은행잎은
어느 눈 푸른 사내를 만나
물같이 이국(異國)으로 떠내려간 누님의 눈빛

하늬바람 나무에 들면
잎은 살레살레 절레절레 나비춤

무어라 말하려 하면
먼저 눈물 글썽이며 풍경 흔들고 사라지는
누님의 얼굴
은행잎

까치집

저렇게 아슬아슬한 공중에서
까치는 어떻게
사랑을 나눌까?

날개와 날개로 지붕을 만들고
가슴과 가슴을 살포시 포개면
그대로 체온이 꽉 차 오는
단칸방

만 년
수만 년이 지나도 까치는
지붕을 막지 않아

오늘도 훤히 트인 천장 위로
해와 달이 지나가다
들여다보고
심술궂은 구름이
비 한 줌을 뿌린다

달맞이꽃

달빛으로 곱게 소복을 해 입고
달의 꿈에 나타나
하소연하는 여인

맑은 넋들의 고향 달나라에서
유배된 여인

밤마다 몸은 죽고 넋만 살아
원왕생가를 부르다
새벽녘에야 지쳐 잠이 드는 여인

그리움에 미쳐버린 여인
달맞이꽃

초승달

밤하늘이 가늘게 눈을 뜨고
살며시 엿보고 있다

뒤척이다 금방 잠이 든 산의 꿈속으로
노루 한 마리 찾아오는 것을,
참외의 꿈이 노오랗게 영그는
원두막 가에서
너와 나의
풀벌레보다 작은 가슴이
시방
사정없이 두근거리는 것을 …

별들의 전쟁

시방
집 뒤 대나무밭 위에서
별들이 전쟁을 벌이고 있어요
수많은 별들의 깃발이 하늘을 뒤덮고
소리 없는 함성이 우뢰처럼 번지고 있어요
별들의 손에서 칼과 칼이 부딪치고
서로 겨눈 별들의 총구에서 일제히 불꽃이 터지고 있어요
어떤 별은 벌써
피를 뿜으며 땅으로 떨어졌어요
어린애 주먹만한 별들이 전쟁을 피해 대 숲 사이로 우~
한꺼번에 쏟아져 들어올 것 같아요
어머니
얼른 나와 보세요, 어머니
시방 하늘은
엄청난 별들의 전쟁터예요
사람들은 집집마다 불을 끄고 잠들었고
나만 혼자 숨어서 숨죽이고
숨죽이고
별들의 전쟁을 지켜보고 있어요

아버지

아버지
당신을 생각하는 밤엔 꼭
소(牛)처럼 무거운 짐수레를 끌고 오시는 꿈을
꾸옵니다

이 몸 양지틈에 난초처럼 고이 키우고
음지쪽에서 음지쪽에서 잡초마냥 시든 아버지

당신이 그랬듯이
스스로 거름이 되어 한 송이 꽃을 피운 뒤에야
태어나는 열매를 위해 스러지는 꽃이 되고 나서야
비로소 깨닫게 될 사랑의 신비일진대
아, 어느새 당신은 내 어설픈 자맥질로 어찌 못할
허연 강물 위에 웃고 계시옵고

검은 수단자락에 감추여 물든 그리움의
화인(火印)

이 마음 둘 곳 없는 섧은 밤마다
말(馬)처럼 구슬픈 울음소리로 나타나시는
아버지
나의 아버지

서울의 달

Ⅰ

서울의 빌딩들이 남산타워 아래 모여
무도회를 개최하는 밤마다
달은 초대권이 없어 구름 속에 숨어 엿본다

서울의 달은 코리아에서 가장 초라한 달
… 지하도에 엎드린 거지의 표정
백혈병 환자의 혈색

우리의 가슴서 마저 축출당해 어두운 밤하늘을 배회하는
서울의 달은 이미
항아의 얼굴도 옥토끼의 절구도 아니다
이미 밤달이 아니고 낮달이다

Ⅱ
내가 흐르는 것이 아니라 구름이 흐르는 것이로다

마그마의 들판, 바벨탑, 모헨조다로, 은허(殷墟), 남산 타워,
서울의 불빛 …
모든 것이 떠내려가고
아아, 흐르는 유성(流星) … 유성(流星)!

밤이 가고 새벽이 오고 또 밤이 온 후엔
나와 지구만이 영겁의 시공에 마주 앉아
불멸의 밤을 명상하리로다

기일(忌日)에

오월
보리밭
푸른 대롱
곱게 핀 벽공(碧空)처럼
너는 하늘에 엷어져 가고

시월
석양
황금빛 허수아비
짝 잃은 노루처럼
나는 들판에 물들어 간다

이 몸이 한 줌 흙이 되고
한 모금 물로 풀대궁을 타고 올라가
마침내 한 송이
꽃을 피워 올리면
너는 나비되어 올 수 있는가?

인생은 서글픈 꿈밭

눈 뜨면 보이는 이 꿈밭 속에
보이지 않는 또 하나의 꿈밭이 자라고

너는 그 꿈밭 위에 뜬 달
나는 이 꿈밭의 하늘에 창백히 흩날리는
한 폭의 연(鳶)이다

가을 엽서

잎새들이 손을 흔들며 먼 길을 떠나는
나무 아래서
나무와 잎새들이 나누는 작별의 이야기를 듣고 있습니다
온 우주가 이승에서 저승으로 옮겨가는 계절
뼈 속까지 바람이 불어와
내 영혼의 나무잎새들도 흔들립니다
나도 누군가에게 작별을 고하며
조용히
떠나가는 나 자신을 지켜보고 싶습니다
아니 떠나보낼 것 다 떠나보내고
홀로 묵상하는
저 나무의 몸짓을 닮고 싶습니다

강과 바다가 만나는 어구에 서서
이 세상 모든 강물을 받아들이는
바다를 바라봅니다
죽은 강물만이 되살아나는 부활의 바다
그 심연 속에서
한 마리 물고기처럼 눈을 뜹니다
바다 속에 살면서도
늘 바다를 찾아 헤매이던
나 자신을 거기서 만나고 싶습니다

늘 만나면서도
참으로 만나지 못해 그리워했던 얼굴들을
거기서 만나고 싶습니다

귀원(歸院) 길

노모(老母)의 손마디를 놓고 돌아서는
출가자의 눈엔
눈물이 그렁

차를 타면
차창 밖으로 야윈 그 손이 자꾸만 따라오고

멀리 바라보는 한강엔
뽀얗게 피어오르는 저녁 물 안개
다리 건너 다리는
보일듯 말듯 끊어질듯 말듯 …

을지로 5가, 행인들 부끄러워
콧물 닦는 척 눈물 훔치며 걷는 길

혜화동
수도원 정문의 문턱을 넘으면
가슴속으로 터지는 설움의 산사태

주여
시들어가는 꽃의 마지막 소망마저 저버리며
당신을 택한 내가

당신처럼 살지 못할 것이라면
지금 죽어 없게 하소서
없게 하소서

겨울 억새

손
  손
허공을 향해 쳐든
빈
  손

한때는 나는 새도 떨어뜨렸다는 세도가문의
뭉개진 봉분 위
여기 저기 뚫고 나와
필생의 힘을 다해 쳐든
무수한
손목들

떡갈나무 언저리에 또아릴 틀고
하염없이 웃고 있는
석양 아래

무언가 끝끝내 움켜쥐려다 움켜쥐려다
마침내 허공에 놓아버린 손
뼈마디만 앙상한
가난한
손

들
의
춤

낙산 편지 I

당신은
수년 전 나의 가슴에 포화를 퍼붓고
조각난 영혼에 갈꽃을 얹고 떠난 이의 뒷모습입니다
당신은
어제 아침 날콩을 주워먹고 솔밭에서 토하던
까치의 울음입니다
당신은
오늘 황혼 아래 빈 깡통을 들고 터벅터벅 걸어가는
아름답도록 슬픈 거지의 저녁입니다

오, 나의 주님이여, 당신을 안 뒤로
모든 것은
당신이 나에게 다가오기 위한 먼 눈짓인 것입니다

낙산 편지 Ⅱ

내가 만일 바람이었다면 바위가 되는 꿈을 꿨을 것입니다
내가 만일 바위였다면 여우를 꿈꾸었을 것입니다
내가 만일 여우였다면 인간으로 둔갑해 당신을 만났을 것입니다
내가 인간으로 태어난 것은 오직 당신을 만나기 위해서이며, 이 과정은
내가 만일 바람으로 다시 난다 해도 천만 번 되풀이될 것입니다

낙산 편지 Ⅲ

매일 매일 내 안에 용트림하듯 일출(日出)하는 당신은
또한 내 인생의 모든 소망이 저무는
서편의 낙일(落日)입니다

만일 당신이 수평선이라면
나는 그 위에 익어가는 석양이고
만일 당신이 석양이라면
나는 지구에 몸을 실어 목마르게 당신을 향해 돌고 있는
한 줌 바다입니다

당신이여,
우린 결국 멀리 나뉘어져 손을 흔드는
하나입니다

낙산 편지 Ⅳ

당신을 알기 전에는 구름인 줄 알았습니다
구름 위에 졸고 있는 하늘인 줄 알았습니다
그 새파란 하늘이 '쨍'하고 금이 가며 쏟아져 내릴
꽃비인 줄 알았습니다
정작 당신을 알고 나니 당신은 '가시'입니다
찔리면 곧 절망의 나락으로 떨어질 가시인줄 알면서도
당신을 찾아 날으는 나는 과연 벙어리새,
가시나무새입니다

나의 주님이여
피흘리지 않은 나의 노래는 모두 거짓이오며
가시에 찔려 죽어가면서 내는 마지막 목소리만을
당신께 드리고 싶습니다
세상에 남기고 싶습니다

낙산 편지 V

오장육부를 시원하게 씻어내리는
한 여름 매미의
울
  음
소
  리

그러나 들으십니까
오늘도 깜깜한 땅 속에서 징그러운 몸뚱이로 울고 있는
어느 굼벵이의 오열을
당신 뵙고 실컷 울어젖힐 여름 한 철을 위해
억년 억만겁을 꿈틀대고 있는
그 아픈 몸짓을

굼벵이가 매미되는
차라리 몰랐어야 할 꿈을 알게 하신 당신이여!

낙산 편지 Ⅵ

애초 당신을 만나면 달처럼 살려 했습니다
달 그림자 흐르는 물가에서 초막 하나 짓고 덩그렇게
당신만 모시고 살까 했습니다
세월에 낚싯대 드리우고 물결에 어우러져 학(鶴)처럼 늙을까
했습니다
당신을 만나고 나서 이 미몽(迷夢)은 깨졌습니다
그날 이후
매일 피었다 지는 꽃들의 얼굴 속에
당신의 웃음과 울음이 있고
밤마다 낙산으로 날아드는 서울의 불빛들 속에
당신의 슬픈 눈동자가 있음을 알았습니다
당신을 만나려면 산 위가 아닌
산 아래로 걸어야 하고
천국이 아닌 지옥 끝으로 걸어가야 함을 알았습니다
이 세상에 나보다 더 슬픈 눈을 한 이
단 한 명만 있어도
당신과 온전히 하나 될 수 없는 고달픈 길,
몇 번이나 두려워 돌아서려 했던 길,
애초 내가 택한 이 길이 이제는
버려지지도 않습니다

낙산 편지 Ⅶ

매일 매일
일기장에 당신의 이야기를 적어 가지만
실은 당신의 일기장에
내 이야기가 씌어지고 있습니다

당신을 부르기 전에
이미 나를 부르고 계셨던
당신의 음성을 듣습니다
우연히 쳐다본 하늘엔
이미 수억만 광년 전에 나를 향해 출발했을 별빛들
당신의 눈빛들로 가득합니다

내 인생은
당신이 손을 들어 기록하고 있는
아직 완성되지 않은
또 하나의 성서입니다

※ 낙산(駱山)은 서울 혜화동에 있는 사제 성소의 못자리인 가톨릭대학교 성신
교정을 가리킨다.

제3부 ● 달빛 편지

당신은
세례받는 벗에게
기도
철길에서
밥상
사제 일기 1 | 신부(father)
사제 일기 2 | 잠자리에서
사제 일기 3 | 백로
사제 일기 4 | 얼굴
사제 일기 5 | 선꿈(迷夢)
사제 일기 6 | 취생몽사(醉生夢死)
달빛 편지
별
기도
어느 수도원에서의 미사
가을 산행길에서
텅 빈 성당에서
미사 일기 Ⅰ
미사 일기 Ⅱ
미사 일기 Ⅲ
미사 일기 Ⅳ
미사 일기 Ⅴ

당신은

당신은

단 한 번의 눈짓으로
세상으로 향한 일체의 시선에 눈멀게 한
강렬한 눈빛.

가슴속에 팔랑이던 수천 개의 촛불을
일거에 꺼 버린
매서운 바람.

절망의 하늘 아래 무수한 밤을 웅크리고 지새운
도요새의 둥지에 파고든
눈부신 여명.

내 존재의 뒷면
가장 더럽고 썩은 연못에 황홀하게 피어난
한 송이 연꽃.

수없이 쓰러진 나를 다시 일으켰던 이름
마침내 내가 부르면서 쓰러질
마지막 이름.

세례받는 벗에게

그대 태어나기 전에 이미 그 초대가
시작됐던 것
그대가 사랑한다 말하기 전에
이미 그대 위해 목숨 바친 사랑이 있었던 것

신앙이란 아득한 옛날 갈라진 두 세계가
태고적 고향을 찾아 일치하려는
긴 여정이지요

오늘 무수한 별무리속에 이름을 새기는
벗이여
영원히 이 첫마음을
잊지 마소서

밤을 낮이라 낮을 밤이라 하는 세상에서
그대 홀로
낮달의 인내와
밤별의 고독한 눈망울을 닮으소서

기도

새를 날려보낸다
가슴속에 키우던 새 한 마리
또 날려보낸다
가슴속에 홰를 치던 홰를 치던 수천 마리 새떼들
한 마리
한 마리씩
가슴 밖
허공으로 날려보낸다

나의 기도는 이렇게 내 안의 모든 것을 날려보내고
텅 빈 허공과
마주앉는 것
앉아서 그냥 숨을 쉬는 것
저 히말라야시다가 바람 따라 몸을 흔들듯
그렇게 조용히
흔들리는
것

철길에서

나는 네 안에 있고 너는 내 안에 있는데 너와 나는 영영 만나지 못하는 평행선이다. 언제나 한 몸인데 늘 나뉘어져 서로를 부르며 서로를 향해 걷고 있다.
오늘도 탐스럽게 익은 복숭아빛 석양이 어제의 슬픈 기억처럼 지고 있는데 한 마리 뱀처럼 꼬리를 흔들며 기차 한 대 우리 몸을 밟고 달린다.

밥상

국그릇에 먹을 것을 구하러 두만강을 건너다 죽은
형의 시체가 가라앉아 있다
밥그릇에 빈 숟가락만 들고 우르르 모여든
동생들의 눈망울이 가득하다
똑바로 밥상을 쳐다볼 수 없어
고개를 돌리고 밥을 먹는다
공양미 삼백석도 아닌 옥수수 삼백자루에 팔려
아직 어린 누이들이 인당수에 몸을 던지고 있다는
북녘 뉴스를
달나라의 이야기인양 들으며
그래도 입은 있어 밥을 먹는다
밥그릇에 담긴 동생의 살을 떠서 먹는다
국그릇에 고인
누이의 피를 떠서 삼킨다

사제 일기 1 | 신부(father)

아무의 아비가 되어 본 적도 없는데
사람들은 모두 나를
아버지라고 부른다

친구가 소포로 보내 온 상사초 뿌리를
화분에 심어두고
내 우유를 나눠 먹이고
하루의 가장 첫 햇살을 쐬어주려고
창가로 가져간다. 그리고
싹을 기다리고
꽃을 기다리고
열매를 기다리며
사랑하는 법을 배운다
아비의 마음을 배운다

사제 일기 2 | 잠자리에서

오늘도
마음으로부터 나오지 못한
몸으로 책임지지 못할
많은 말들을 뱉으며 살았다
이제 잠자리에 누워
하루를 돌아보는 시간
내 입으로부터
화살처럼 날아간 수많은 말들이
이제는 캄캄한 허공 속에서 수백 개의 손가락이 되어
나를 고발하고 있다
수천 개의 불화살이 되어
내 몸에
꽂히고 있다

사제 일기 3 | 백로

가슴 속에
백로 한 마리 산다
창천을 이고 선 소나무 위에 둥지를 틀고
아침마다
솔잎에 맺힌 이슬을 먹고 산다
밤마다
달을 향해 나는 연습을 한다

굶어죽을지언정
논가에 내려와
미꾸라지 따위를 잡아먹지 않는다

사제 일기 4 | 얼굴

성당 밖 담벼락에 발돋움하고 서서
성당 안을 기웃거리고 있는 줄만 알았던
해바라기 몇 그루
어느날 그 중 하나가 내게
말했습니다

"이것이 제 본래 얼굴입니다
저에겐 이 얼굴 외에
다른 얼굴이 없습니다

저를 바라보는 그 얼굴 속에
수천 수만 개의
다른 얼굴을 갖고 계신 이여!"

그날 이후
나는 해바라기를
똑바로 쳐다볼 수 없었습니다

사제 일기 5 | 선꿈(迷夢)

아직도 가끔씩
작은 알 속에 들어가 잠을 잔다
꿈을 꾼다

내가 누운 이불 옆에
따뜻한 눈빛을 가진 여자가 눕는,
넉넉히 땀에 젖은 옷을 털고 돌아와
잠든 아이 볼에 입을 맞추는,
아내가 끓여준 된장국을 먹고
아이와 함께
달 구경 가서
아이의 키에 내 키를 맞추고
둘이 달을 향해 걷는,
단 두 세 사람의 행복을 위하여
내 삶이 늙어가는
그런 꿈을

그럴 때마다 소스라치게 날개짓을 하며
내 안에서 푸드득 깨어나는 새
황새 한 마리

잠 깨면

빈 방에
달빛 가득하다

사제 일기 6 | 취생몽사(醉生夢死)

비 오는 날
술을 마시며
원효의 스승 대안(大安)을 생각한다
한 말의 술을 마셔도 취하지 않았고
술 한 모금 마시지 않고도
늘 취한 눈으로 세상을 바라보며 살았다는 자
그가 마신 술에
나도 몸을 담그고 싶다
한 번 마시면 취하지 않을 수 없고
한 번 취하면
영원히 깨이지 않는 영혼의 술,
그 독한 취기에 몸을 섞고
꿈결처럼
맨발로 칼날 위를 걸어가다가

연어가 제 온 곳으로 돌아가듯
노랑나비 한 마리 꽃에 앉았다 날아가듯
그렇게 홀연히
떠나가련다

달빛 편지

매일 밤 그는 긴 편지를 써서 불꺼진 내 창가에 놓고 간다
어떤 날은 깨어 있다가 그의 편지를 받기도 한다
오늘도 그는 뜰 앞의 높은 잣나무 가지에 턱을 괴고
조용히 내 창가를 바라보며
편지를 쓰고 있다
방에 불을 켜고는 그의 편지를 읽을 수 없다
뜨락에 숨어사는 귀뚜라미들도 그의 편지를 받았는지
소리 높여 저마다의 목소리로
그것을 나에게 읽어주고 있는데
나는 편지 속에 담긴 그의 조용한 목소리를
아무에게도 전해 줄 수 없다
이 세상 누구로부터도 받을 수 없는 황홀한 연애편지를
날마다 그에게서 받으며
이렇게 살고 있다

별

공자가 천하를 주유하며 쳐다보았을 별
석가가 보리수 아래서 깨달음의 문을 열며 보았을 별
예수가 겟세마니에서 피땀에 젖은 눈으로 바라보았을 별
바울로가 전도여행 중에 쳐다보았을 별
아씨시 프란치스코가 자매라고 부르며 보았을 별
성 김대건이 새남터에서 참수되며 쳐다보았을 별
성 정하상이 서소문에서 보았을 별
이 루갈다가 숲정이에서 마지막으로 쳐다보았을 별

차를 타면 차창 밖으로 따라오고
잠이 들면 꿈속에까지 따라와
뜨는 별
그 별이 지금 처마끝에서
저녁밥을 먹고 있는 나를
물끄러미
쳐다보고 있다

부끄럽다

기도

그것은 태풍의 눈 속으로
걸어 들어가는 것,
그것은 우산을 접고
쏟아지는 소낙비 속을 젖으며 걸어가는 것,
처음엔 스스로 날아오르려 무수히 날갯짓을 하지만
나중엔 소리개처럼
유유히 상승기류에 몸을 맡기는 것,
그것은 단지
그가 오시는데 옷이 걸리지 않도록
조용히 사립문을 열어두는 것,
때로는 미지의 까마득한 절벽에서
로우프도 없이
스스로 한 몸을 내던지는 것.

어느 수도원에서의 미사

미사 때마다 성전 한 귀퉁이에서
흘러나오는 물
오늘은 커다란 강물 하나가 성당을 지나갔다
어떤 사람은 발목을 물에 적시고
어떤 사람은 허리까지 물에 적시고
어떤 사람은 온 몸이 물에 빠져
미사를 드렸다
무수한 참석자들의 눈 속에
바다가 있었고
물새들이 사람들과 사람들의
눈과 눈 사이를 날아다녔다
십자고상에 달린 한 사내의 발밑으로도
물결이 찰랑거리고
사람들은 가슴속에 바닷물을 가둬뒀던 긴 방조제를
허물어내렸다
성당 가득히 출렁거리는 물
이 날 사람들은
물 속에서
지상의 공기가 아닌
천상의 공기로 숨을 쉬었다

가을 산행길에서

가을 산행길에서 절로 영글어 떨어진 밤 한 톨 줍다.
만지작거리다 꽉 깨무는 순간 밤벌레 한 마리 고개를 쏙 내민다. 나도 깜짝 놀랐지만 그 녀석은 더 소스라치게 놀란 표정이다.
나는 하마터면 그 녀석의 징그러운 몸뚱이를 깨물 뻔했다는 사실에 놀랐고, 그 녀석은 태어나면서부터 살아온 세상 전체가 갑자기 두 쪽이 나고 생명까지 두동강날 뻔한 일생일대의 엄청난 사태에 놀랐다.

아, 누가 있어 어두운 밤 속에 있는 나의 이 집도 흔들어 깨물어 줄 것인가? 그 앞에 나도 이 추한 몸뚱이를 그대로 드러내고 싶다.
자기가 전부라고 생각했던 세계가 박살나면서 나타난 시리도록 푸른 하늘, 그 하늘을 보면서 밤벌레는 죽었다.
나도 그처럼 죽고 싶다. 단 한 번만 그 하늘을 볼 수 있다면 굳이 애벌레가 나비로 변하지 않아도 그냥 지금 이대로 죽어도 좋다.

텅 빈 성당에서

주일
밤 미사가 끝난 후
신자들 썰물처럼 빠져나간
텅 빈 성당에
혼자 앉아 있습니다
이 세상에서 가장 가난하고 외로운
촛불 하나를 켜면
하루종일 만났던 얼굴들이
나비가 되고 새가 되어
성당 가득히 날아다닙니다
이것들을 한 마리씩 한 마리씩 잡아들여
미리 마련된 가슴팍의 둥지에
다 잠재운 후
비로소 가장 만나고 싶었던 나 자신과
마주 앉습니다
언제나 내가 부르면
나보다 더 가까이 내 안에서
대답하는 당신,
지금 당신과 마주앉아 있는 이 자리가
내가 태어난 자리요
죽을 자리입니다
이렇게 영원히 당신과 마주앉기 위해

나는 가장 가깝고도 머언 길을
걷고 있는 것입니다

미사 일기 I

오늘은
미사경본의 글자 하나 하나가
망촛대꽃처럼
눈을 뜨고
빠안히 나를 쳐다봅니다
경본 속에 인쇄된 예수의 말씀이
알을 깨고 책갈피 속에서
참새떼가 되어
푸드득 푸드득 날아다닙니다

어디에고 숨을 곳이 없습니다
미사라는 빨래터에서
내가 깨끗이 빨아집니다

미사 일기 Ⅱ

가끔씩
하루살이니 무당벌레니 하는 것들이 날아와
함께 미사를 드리는 적이 많습니다
오늘도 연두빛 베짱이 한 마리
하아얀 제대포 위에 날아듭니다
제가 사제가 되어
당신께 드린 수많은 미사
그 어느 것도
저 베짱이의 무심한 몸짓을 닮지 못했습니다
베짱이의 작은 눈으로
모래알 한 귀퉁이에 앉아
수천억의 모래알이 빛나는 밤하늘을 우러러보는
황망스러움

이 마음으로
오늘도 미사를 드립니다

미사 일기 Ⅲ

어떤 날은
미사드리는 신자들의 얼굴이
바위로 보입니다
앵무새로 보입니다
어떤 신자의 머리 속에선
내일 장터로 팔러 나갈 소 한 마리가 걸어나옵니다
어떤 교우의 이마 위에선
아침에 매다가 온 고추밭 한 뙈기가 졸고 있습니다
천사들이 바구니를 들고
무언가를 주워담으러
바쁘게 날아다니는 것이 보입니다

미사를 집전하는 내 얼굴도
반쪽은 하느님
반쪽은 짐승입니다

미사 일기 Ⅳ

오늘은
미사경본의 글자 한 자 한 자가
내가 읽을 때마다
눈송이가 됩니다
꽃이 됩니다
가야금을 들고
내 안에서 나를 연주하는 이가 있습니다
내가 만지는 것마다
빵이 되고
물고기가 되고
사람들 가슴에 꽂히는 시퍼런 칼이 됩니다

오늘은 내가 미사를 드리는 것이 아니라
미사가 드려지고 있습니다

미사 일기 V

매일 새벽
미사를 드리며 하루를 시작합니다
새벽 옹달샘에서
첫 샘물을 뜨듯
정갈하게 당신의 이름을 부릅니다
한 번 꽃 진 자리에 다시 꽃이 피지 않듯
매일 매일의 미사는
내가 당신께 드리는 마지막 미사입니다
미사드리는 이 마음으로
밥 먹고
똥 누고
웃고
울며
살게 하소서

제4부 ● 산(山)

산 1 | 하루 종일 들린다
산 2 | 달팽이
산 3 | 매미 소리
산 4 | 산에서는
산 5 | 꽃을 보다가
산 6 | 무덤가의 민들레에게
산 7 | 산에 오르는 이유
산 8 | 산이 말했습니다
산 9 | 위하여
산 10 | 산은 또 이렇게 말했습니다
산 11 | 등산
산 12 | 산이 묻습니다
산 13 | 수석(壽石)
산 14 | 산정(山頂)에서
산 15 | 부처의 몸
산 16 | 산과 나
산 17 | 아침 산에 올라
잠자리에 누워
옥수수밭에서
수도원에서 묵으며
석문 방조제에서
부활절 아침에

산 1 | 하루 종일 들린다

산에서 야호 소리치고 돌아오면
하루종일 귓속에서
그 메아리 소리 들린다

산에서 샘물 마시고 돌아오면
하루종일 뱃속에서
그 샘물 소리 들린다

산에서 꽃과 마주 웃고 돌아오면
하루종일 눈가에서
그 웃음 소리 들린다

산 2 | 달팽이

산에 오르는 길가에
달팽이 한 마리
갈참나무 위를 오른다

등 뒤에 집 한 채 짊어지고
나무를 오르는
달팽이,
머리 속에 더 큰 집 한 채 짊어지고
산을 오르는

나

산 3 | 매미 소리

아무도 없는 산길에서 웃통 벗고
나무 등걸에 앉아
땀을 식히다가

사방에서
울창한 나무 속에 몸을 숨기고 발사하는
매미들의 일제사격에
온몸이
벌집이 되었다

산 4 | 산에서는

성당에서는 내가 설교를 하고
사람들이 듣는다
산에서는 새들이 설교를 하고
내가 듣는다

산에서
물은 입이 아니라 온몸으로 노래하고
나무는 귀가 아니라 온몸으로
그것을 듣는다

산에서는
내가 고해성사를 청하고
풀들이 죄를 사한다

산 5 | 꽃을 보다가

산에서
꽃 한 송이를 바라보다가 그만
꽃에
두 눈이 먹혀버렸다

이제는 꽃의 눈으로
꽃을 본다
새를 본다
바람을 맞는다
시를 쏜다

산 6 | 무덤가의 민들레에게

우리는 일찍이 한 모태에서 태어나
같은 살
같은 피를 나눴었다

너희가 음식이 되어 우릴 먹이면
우린 거름이 되어 너흴 먹였었다
그러기에 너의 몸 속에 나의 몸이 있고
나의 피 속에
너의 피가 흐른다
사람마다 얼굴이 서로 다르듯
우린 단지 얼굴이 서로 다를 뿐 아닌가

민들레꽃의 모습을 한
나의 누이여

산 7 | 산에 오르는 이유

산 아래서
산그늘 덮고 하룻밤 자고
아침에 배낭 메고 출발하려는데
마지못해 따라나선
한 친구 하는 말

"어차피 다시 내려올 건데
뭣 하러 힘들게 올라가남."

그렇다
산은 다시 내려오기 위해
올라가는 것이다
먹구름으로 올라가서
소낙비로 쏟아져 내리기 위해서
한 사람으로 올라가서
만 사람을 가슴에 품고
내려오기 위해서

산 8 | 산이 말했습니다

몸이 병들었을 때는 병원엘 가고
마음이 병들었을 때는
산엘 갑니다
오늘도 산은 내게 이렇게 말했습니다

흐르는 물소리를 들으며
네 귀를 물에 떠내려보내라
타고 있는 석양과 함께
네 눈을 태워버려라
말없이 웃고 있는 원추리꽃에게
남루한
네 입을 팔아버려라
네 머리를 베어 이 산 속에 묻어두고
몸만 내려가라

오늘도 산의 말씀을 나는
이렇게 들었습니다.

산 9 | 위하여

한 사람을 용서하기 위하여
산에 오른다
한 사람을 용서하지 못하는 나를
용서하기 위하여
산에 오른다

산 아래 집들이 개미집으로 보이는
산허리에서
헐떡이던 마음 내려놓으면
비로소 구름과 마음이 통한다
하늘과 가까워
반쯤은 하늘의 공기로 숨을 쉬는 산꼭대기에선
내 심장에 칼을 꽂은 자도
측은한 인간이 된다

한 사람을 사랑하기 위하여
산을 내려온다
그 한 사람 속에서 만 사람을
사랑하기 위하여
산을 내려온다

산 10 | 산은 또 이렇게 말했습니다

오늘도 병든 몸을 이끌고
산을 올라온 나에게
산은 이렇게 말했습니다.

사랑하는 법을 잊어버려라 미워하는 법을 잊어버려라
네 안에서 너를 결박하고 있는 자
그 자의 목을
단칼에 베어버려라
그 목을 산에 버려두고
다만
바람처럼 산을 내려가라
물처럼 산을 내려가라

오늘도 산의 말씀을 나는
이렇게 들었습니다.

산 11 | 등산

오를수록
말이 적어집니다
생각이 없어집니다
한 마리 들짐승이 되어 산을 오릅니다

산여뀌의 눈을 하지 않으면
산을 볼 수 없습니다
솔방울의 귀를 하지 않으면
산을 들을 수 없습니다

산을 오르면서 한 마리 산찡이 됩니다
생각하는 법을 잊습니다
말을 잊습니다

산 12 | 산이 묻습니다

옛날 어떤 이는
마음 속에 비수를 품고 산을 오르고
어떤 이는 콧구멍으로 산 하나를 마셔버리기 위해
산을 오르고
어떤 이는 하늘로 오르는 길을 찾아
산을 올랐다 하는데
너는 무엇을 위해 산을 올라왔는가

산이 묻습니다
할 말이 없습니다

그저 애벌레처럼 산에 기어올라와
산 아래서 묻히고 온 더러운 때를
산 바람으로 닦다가
도로 산을 내려갈 뿐입니다

산 13 | 수석(壽石)

산에 와서
수도꼭지를 틀지 않아도
약수는 늘 지천으로 쏟아지고 있고
새장에 가두어두지 않아도
새는 떼를 지어 날아다닌다
우리가 평생을 들여 찾고자 하는 것
그것이
꽃 한 송이 속에 들어 있다
어떤 이는 주말마다
수석을 수집하러 산기슭을 뒤지고 다닌다는데
수석 하나에 몇천만원짜리도 있다는데
나는 이번 주말에
산꼭대기에서
우리 집 아파트보다 더 크고 비싼 수석을 깔고 누워
낮잠을 즐기고 있다

산 14 | 산정(山頂)에서

지나온 봉우리들이 발 아래 안개로 깔리고
메아리를 불러도 오지 않는
정상에 서면
내가 떠나온 도시는 한 무더기 벌레굴
더 멀리 보이는 바다는
한 홉 접시물이어라
꿈을 꾸었나부다
꿈 속에 흙으로 악어를 빚어놓고
그 악어에 잡아먹히는 꿈
마음 종이로 접어놓은 호랑이에 물리고 물어뜯다
여기까지 숨가쁘게 도망쳐 오는 꿈
이제 보따리를 풀고
가둬두었던 어지러운 꿈들을 다
날려보낼란다

"으하하하하,
 크으하하하하핫"

산 15 | 부처의 몸

암탉이 알 하나 품고 있듯
산이
절 하나 품고 있다

시골집에 늙은이 하나 앉아 있듯
절 속에
부처 혼자 앉아 있다

온 누리가 다 부처의 몸이라는데
사람들은 여전히 부처를 찾아
산을 오른다

오늘도 금빛 단풍 가사 걸친 산의 머리 뒤에
저녁해가 후광처럼 빛날 때
햇살 한 짐씩 머리에 이고

부처를 만나러 산에 올랐던 사람들이
부처의 몸을 밟으며
산을 내려오고 있다

산 16 | 산과 나

등산할 때는
내가 산 속으로 걸어들어가지만
하산할 때는
산이 내 속으로 걸어들어온다

산에서는 산 속에 내가 있지만
산을 떠나서는
내 속에 산이 있다

품속의 산을 꺼내
아무데서나
병풍처럼 펼쳐본다

시끄러운 차소리가
새소리로 들린다
사람들 얼굴 하나 하나가
꽃이 된다

산 17 | 아침 산에 올라

밤새 장대비로 목욕을 한
산이
아침 햇살로 머리를 말리고 있다
담배 한 개피 피워물었다

금방 목욕을 마치고
물기를 털고 있는 아이의 살결처럼
싱싱하다

아침 산에 올라
산과 마주앉는다

내 일생을 걸고 닮아야 할
큰바위 얼굴이여
언제면 너와 같은 얼굴로
네 앞에 서게 될까

잠자리에 누워

하루종일 쓸데없이 지껄인 말들이
나무를 흔드는 무수한 잎사귀처럼
내 곁에 돌아와
흔들리고 있다

세상을 쳐다봤던 무수한 나의 눈길들이
나를 쳐다보는 눈빛으로
밤하늘에 나타나
쏘아보고 있다

새들은 이미 둥지에 돌아와
잠들었고
나도 잠의 나루터에서
꿈의 강을 건너야 하는데

나라고 생각했던 무수한 나 아닌 것들이
가면을 쓰고 나타나
허깨비처럼
허공에서 춤을 추고 있다

옥수수 밭에서

지구의 종말인양
옥수수 대궁 사이사이로 떨어지고 있는
수천 개의
태양

옥수수 밭에 웅크리고 앉아
뜨겁게 밭고랑을 핥으며 떠나가는 석양의
긴
혓바닥

오늘도 저 석양을 보기 위하여
열심히 살았습니다

한 인간이 회개하는 걸 보기 위하여
오늘도 새가 울고
뜨락의 감나무잎이 그토록 푸르렀습니다

한 인간 안에 새벽이 열리는 걸 보기 위하여
오늘도 해가 뜨고
잎새 잎새마다 붉은 핏방울을 떨구며
해가 지고 있습니다

수도원에서 묵으며

어제는 압구정동
술집 위에 떴던 달이
오늘은 치악산
수도원 위에 떴다

어젯밤엔 전봇대 위에서
술에 취한 채
몽롱한 눈으로 술집마다 기웃거리던 달이
오늘밤엔 솔밭 위에서
명상에 취해
눈을 감은
수도자의 얼굴이다

똑같은 달이로되 같은 달이 아니듯
친구여
그대와 내가 지금 서 있는 세상은
같은 세상이 아니다

이곳에서의 첫날 밤
어미의 둥지에 깃든 어린 산새의 눈망울로
달을 본다
늘 먹이를 찾아 헤매던 핏발 선 눈 버리고

거울을 보듯이 달을 본다
이제야 달을 달로 본다

석문 방조제에서

바다를 가로질러 막은 12㎞의 거대한 둑
석문 방조제에 앉아
친구와 소주를 부어 마시며
우리 가슴 속에 갇힌
또 하나의 바다에 대해 이야기했다

우리가 태어날 때부터 갇혀서
먼 대양의 한 자락이었을 시절을 잊어버리고
이미 호수가 되어버린 바다,
짠 바닷물의 특성을 잃어버리고
민물이
갯벌이
전답이 되어가는 바다

나는 둑이었다
내 안의 바다와
내 밖의 바다의 결합을 가로막는
거대한 둑이었다

그 둑에 앉아
친구와 소주 한 잔을 마시며
우리 가슴 속에 갇힌

조각난 바다
잊혀진 바다의 울음소리를 들었다
허물어지지 않는 둑을 수없이 두드리다 돌아섰을
먼 파도소리를 들었다

부활절 아침에

새벽 이슬에 맨발을 적시며
깜깜한 길을 걸어 빈무덤을 찾았을
막달라 마리아처럼
당신을 만나러 갑니다
내가 태어나기 전에 나를 향해 걸어오셨고
내가 사랑한다고 고백하기 전에
나를 위해 목숨을 주셨던
그 사랑의 깊이를 되짚으며
걸어갑니다
언 땅을 헤집고 여기 저기 고개를 쳐든 풀꽃들
목련꽃 송이 송이마다
당신의 얼굴이 웃고 있습니다
만나는 얼굴마다 당신이 되살아와서
나에게 말을 건네옵니다
매일 지나다니는 지하도에
당신이 엎드려 계십니다
이미 나비가 된 당신을
옛 애벌레의 모습에서 찾았던 막달라 마리아처럼
함께 길을 가면서도 알아보지 못했던
엠마오의 제자들처럼
우리도 그렇게 살았습니다
애벌레처럼 징그러운 몸뚱이 부벼대며 살아가는 우리들

우리들 안에
당신과 같은 눈부신 모습이 있다는 것이
눈물겹습니다
부활절 아침,
이 세상 어디에도 안 계신 분을
살아 있는 모든 것에서 만납니다
쥐똥나무 숲 속에서 지저귀는 종달새에게서
당신의 목소리를 듣습니다
"받아먹어라
이는 내 몸
내 생명이니
이제 나는 너를 통해 살고
너는 나를 통해 살리라."
주님,
내 안에 온갖 어둠을 가둬 뒀던
이 캄캄한 돌무덤을 열어 주소서
매일 매일이 어둠에서 나와 빛으로 걸어가는
부활의 아침이게 하소서

제5부 ● 영원의 뜨락에서

시(詩)와 고향
묵상 노트

시(詩)와 고향

　우리가 시를 읽으며 내면 깊숙이서부터 뜨거운 감동을 느끼는 것은 시가 단순히 미사여구의 나열만이 아닌 진실한 영혼의 독백이기 때문일 것이다. 또한 시를 쓰는 일이 어렵다는 것은 그것이 표현의 기술 뿐 아니라 아름다운 세계를 창조하고자 하는 귀의심, 즉 가장 순수한 영혼의 자세를 요구하기 때문이 아닐까 한다.
　마치 훌륭한 악기에서만이 신적(神的)인 음률이 나올 수 있는 것처럼 서도(書道), 다도(茶道)가 마음에서 발로되는 것처럼 시혼(詩魂)과 일치되지 않는 시는 단지 언어의 유희이며 스스로를 기만하는 것일 뿐이다.
　이런 점에서 나는 나의 시로서나 혹 시혼으로서도 감히 시와 시인을 논할 자격이 없음을 스스로 절감한다. 그러면서도 내가 시를 버릴 수 없고 또 시로서 무한한 기쁨과 긍지를 가지는 것은 그것이 끊임없이 나 자신의 유한성에 대한 초극을 지향하고 나의 심신을 정화케 하는 하느님의 고귀한 선물이기 때문이다.
　시에 몰입하다 보면 절로 나의 추하고 속된 심신까지 민들레 모과나무꽃 피어 있고 담쟁이넝쿨 파란 하늘아래 하늘거리는 어느 정토(淨土)의 담장 아래를 거니는 까닭이다.

오늘도 나는 기성의 때가 묻지 않은 나만의 시어(詩語)를 줍기 위해 낙산을 산책하고 있다. 하루 종일을 걸어도 새 소리를 듣기 힘든 서울의 도심에서 이곳 낙산은 자연이 숨을 쉴 수 있고 새들이 명상할 수 있는 특별한 공간의 하나다. 오백년 도읍의 옛 한양 성벽이 그대로 이 신학교의 담벼락이 되고 이 담벼락을 따라 숲길을 산책하면서 고개를 들면 눈앞에 향로봉에서 출발한 북한산 능선의 끝을 멋있게 장식하는 하얀 봉우리가 들어온다. 인수봉(仁壽峯)이다.

일찍이 내 마음속에 구도(求道)의 그리움이 싹트면서부터 나의 나이와 더불어 목숨 속에 자란 봉우리 하나 …. 인수봉을 바라보며 나는 나의 시라는 문을 열고 잠시 고향의 추억에 날개를 싣는다.

어릴 적 수리봉을 보며
마음 속에 또 하나의 수리봉을 키웠습니다.

목마른 연륜에 그리움이 한(恨)이 되도록
무수한 원고지에 언어의 피를 흘렸지만
아직도 그 산을 나는 그릴 수 없습니다
― 졸시 '산'의 초고 중에서

어린 시절 그 대부분을 나는 충북 충주에서 칠십여 리 떨어진 곳에 있는 첩첩 산골에서 살았다. 저녁 때가 되면 초가집마다 등잔 불빛이 아롱거리던 이 깊은 산골엔 이틀에 한 번 서울로 가는 완행버스가 지나가는 작은 신작로가 있었다.

우리 집 돌담 옆에는 그 마을에서 가장 오래된 큰 대추나무가 서 있었고, 마을 앞에는 수리산이라는 커다란 산이 있어 밤낮으로 우리 집 마당을 들여다보고 있었다.

어른들은 그 산 꼭대기에 그림 같은 연못이 하나 있다고 했고, 산은 넓적바위, 우산바위, 마당바위 등 멋진 바위들 뿐 아니라 온갖 기인(奇人)들에 얽힌 민담과 가지가지 전설을 품고 있어 그것이 그 산을 더 높게 만들었는지도 모른다.

어쨌든 어어니스트같은 내 어린 영혼에게 있어서 신비와 동경의 세계였던 그 산은 그야말로 내 어린 시절 큰바위 얼굴이었다. 이 나이가 된 지금도 수리산은 나의 시가, 나의 구도가, 나의 인생이 도달해야 할 영원한 표범의 킬리만자로로 가슴속에 새겨져 있다. 그 수리산 자락 아래서 엮어 가던 어린 시절을 나는 잊을 수 없다. 그 어린 시절의 동화에 가만히 젖어 보고 싶다.

먼저 송아지 만한 녀석이 늘 업혀 다닌다고 놀림감이 되면서도 따스하기만 했던 어머니 등의 체온을, 몇 푼의 차비를 아끼느라 삼십 리가 넘는 산길을 무거운 짐을 이고 걸어오셨던 어머니 마음의 가난을 떠올린다.

한창 근대화, 도시화의 물결이 농촌을 휩쓸던 70년대 초, 마침내 나의 부모님도 자녀들의 교육과 미래를 위해 도시로 떠날 결심을 하셨다. 서울로 가겠다는 아버지를 부뚜막에 있던 부지깽이로 치시며 노여워하시던 할아버지와 아버지의 이별 장면이 생생한데, 기어코 그해 겨울 부모님은 내가 초등학교에 입학하던 날, 나를 조부모님 슬하에 맡겨 두고 떠나가셨다.

내가 다닌 학교는 집에서 족히 십 리가 넘었다. 팔 구월이면 신작로길 양옆을 가득 메운 코스모스가 나의 등교길을 버킹검궁 의장대 부럽잖게 사열해 주었고, 오뉴월이면 한창 물기가 오른 냇가의 버드나무나 길가의 보리대궁으로 피리를 만들어 불며 집으로 돌아오곤 했다. 그 길 위에서 눈을 밝히며 함께 놀던 동무들의 얼굴과 그 때 나눴던 유치한 대화가 그립다.

도시로 간 부모님이 무던히도 보고프던 날, 대추나무 위에서 나에게 처음으로 고독(孤獨)을 가르쳐 준 까치의 울음소리와, 뒷산을 눈물 부비며 치달릴 때 아른거리던 진달래의 터질듯한 울음을 잊을 수 없다.

천애의 나를 흙 한 번 묻히지 못하도록 곱게 키우신 할아버지 할머니. 그 할아버지가 팔십 노구(老軀)로 쇠풀과 나뭇짐을 짊어지고 내려오시던 오두막 고개의 황혼이 아직도 내 혈관에 흐르는데, 저녁을 먹다 골을 내고 뒷밭에 숨은 나를 찾아 할아버지가 누런 보리대궁들을 헤치며 달빛 아래 헤매시던 밤을, 평소 지엄하시던 그분의 얼굴에 그 때 서렸던 근심과 애환의 눈빛을 나는 잊을 수 없다.

초등학교 6학년 때 성남에 생활의 토대를 잡은 부모님은 나를 그곳으로 전학시키셨다. 그곳은 순박한 산골 풍경에서 나이를 먹어 온 나에게는 몇 년을 살아도 이방인의 땅이었다. 시골에 있을 때는 부모님이 그리워 울었고, 도시에 와서는 이제 조부모님이 그리워 울었다. 가끔 방학 때가 되면 할아버지 할머니를 뵈러 고향에 내려가곤 했는데 그 때 큰손자녀석의 여름방학 기다리는 것을 일년 행사로 손꼽으시던 할머니, 그 할머니가 뒷뜰 텃밭에 기르시던 토마토의 맛, 토마토의 의미가 지금에야 내 살갗에 묻어 난다.

이 모든 추억에 젖어 가다 보면 의례히 숙연해지고 눈감았다가 뜨면 가슴 속은 어느새 슬픔에 호수가 고인다. 이 보잘

것없는 인격이 이루어지기 위해 희생이 되고 거름이 된 눈물 어린 얼굴들이 웃으며 지나가고 그리움과 뉘우침이 한기처럼 폐부에 스며든다. 이 몸이 무엇이기에 하느님께서는 날 위해 이토록 커다란 사랑과 희생을 예비하셨는가 원망스럽기도 하고 부끄럽기도 하다.

그러면서도 나는 나만을 위한 나가 아니요 그분들께 받는 것을 더 큰 거름으로 많은 이들에게 돌려주어야 하는 나임을 오늘 또 한 번 경각하게 된다.

이 슬프도록 아름답고 아름답도록 슬픈 고향의 모든 추억들이 나의 시어 속에서, 나의 시심 속에서 녹아들어 시를 피우고 그것은 또 다시 하나의 추억의 씨앗으로 되어 소중한 마음의 밭에 깊숙이 심겨지는 것이다.

아름다운 시를 읽으며 아름다운 시를 쓰며 나 자신 또한 누군가의 한 폭 아름다운 시가 되며 살고 싶다고 어떤 시인은 말했다. 고향을 시 속에 옮기며 시 속에 새로운 고향을 심으며 내 순수한 존재의 고향으로 돌아가고 싶다. 아물거리는 내 생명력의 바다 속에서 신선한 영혼을 성장시킬 잉어라도 한 마리 건져 올리고 싶다.

생각해 보면 이 모든 과거의 아득한 추억이 나의 밑거름이 되어 오늘의 나를 형성하였다면, 지금 나의 이 구도자로서의 생활도 훗날 사제(司祭)가 되었을 때 그 때에 나에게 추억의 수리산이 될 것임을 알게 되어 더더욱 이 신학교 생활이 소중한 현실로 다가온다.

지금의 생활이 곧 미래의 고향이라면 이를 나에게 가장 아름다운 고향으로 가꿀 뿐 아니라 다른 벗들에게까지 아름다운 고향으로 심어지도록 함께 노력해야 하리라.

사랑이란 참으로 시지프스가 바위를 굴리는 것처럼 힘들

고 고된 노력, 양파의 껍질을 벗겨 가듯 끊임없이 자기 중심의 세계를 파괴해 가는 머나먼 밤길임을 생각한다. 누군가를 사랑한다고는 하지만 사랑한다는 그것 자체가 자기중심적인 것이 되고 결국 '내가' 사랑한다는 자아 의식 속에 서 있는 것일진대 인간은 결국 온전히 남을 사랑할 수 없는 것인지도 모른다. 그러나 어두운 밤이라야 별이 반짝인다는 진리를 생각하며 밤길을 더듬어 가자. 촛불을 켜 들고 서로를 부르다 보면 언젠가 새벽은 오리라.

오늘날 현대인의 대부분은 실향민이라고 한다. 꼭 조상의 뼈가 묻힌 곳만이 고향이 아닐진대 우린 모두 어린 시절 그 순수함과 본연의 그리움을 잊어버린 실낙원(失樂園)의 아담과 하와들이다.

나의 고향 충청도 충주시에 속한 그 마을도 지금은 물론 옛날의 고향은 아니다. 그러나 내 마음 속 고향은 수리산, 인수봉이 내 목숨 속에서 높아지듯이 내 안에서 자라고 있고 나의 시 속에서 삶 속에서 끊임없이 피어나고 있다. 언제나 어릴 적 수리산 위에 걸렸던 벽공(碧空)처럼 푸른 눈을 하고 살고 싶다. 그 때문지 않은 푸른 마음에서 우러나오는 시처럼 푸르게 살고 싶다. (1987. 혜화동 가톨릭대 신학원에서)

묵상 노트

두 개의 길

언제나 나는 불꽃처럼 점점 커지려고 한다. 불길처럼 만나는 모든 것들을 집어삼키고 먹어치우며 끊임없이 높은 곳으로 높은 곳으로 타오르려고 한다.

언제나 그는 물방울처럼 점점 작아지라 한다. 빗물처럼 만나는 모든 것에게 자신을 내어 주고 먹히우면서 말없이 낮은 곳으로 낮은 곳으로 흘러가라고 한다.

매일 매일 그는 나에게 물이 되라 하고 나는 그에게 불이 되겠다고 한다. 내 앞엔 늘 두 개의 길이 주어진다. 불이 지나간 자리엔 항상 잿더미만 남고 물이 흘러간 자리엔 항상 싹이 트고 꽃이 피듯이, 어떤 길을 선택하느냐에 따라 내 주변의 풍경이, 곧 세상이 달라진다. (1998.2.15)

취생(醉生)

오늘 아침 성당 옆집에 살던 황씨가 죽었다. 알코올중독자였던 황씨, 나도 그이처럼 무언가에 취해 일생을 살고 싶다. 그는 머리맡에 소주병이 없으면 잠이 들지 않았다. 아침에 눈을 뜨면 물 대신 소주 한 대접을 마셨다.

술을 마시지 않아도 늘 취해 있는 그의 눈엔 하늘과 땅과 짐승과 인간이 구별이 없었다. 삶과 죽음, 이승과 저승이 간격이 없었다. 사람들은 그를 술에 미친 주정뱅이라고 불렀지만 그의 눈엔 세상 사람들이 다 무언가에 취한 자들이었고 미친 자들이었다.

한번 마시면 취하지 않을 수 없고 취하면 영원히 깨이지 않는 술을 마시려 했던 황씨, 그는 서른 다섯도 넘기지 못하고 죽었다. 매미처럼 훌러덩 허물을 벗고 취한 자들만이 사는 나라로 아예 호적을 옮겨 버렸다. 그가 산 것이 아니라 술이 그 안에서 살다가 간 것이었다. (1997.10.16)

시냇물 고해성사

주일학교 교사들과 괴산 선유동으로 피정을 왔다. 아무도 일어나지 않은 새벽아침, 물안개 피어오르는 선유동 계곡물 한가운데 바위에 앉아 시냇물에게 고해성사를 본다. 세속의 때에 절어 너무도 더러워진 이 몸이 한없는 참회 덩어리로 앉아 물이 주는 영원으로 통하는 훈계를 듣는다. 물과 하늘, 매미소리, 바위, 구름의 … 일체가 합장하여 함께 주는 보속을 듣는다.

존재하는 모든 것에서 사랑하는 이의 얼굴을 본다. 가만히 그 이름을 불러 본다. 물님?!

물님, 하늘님, 소나무님, 바위님, 매미님, 바람님, 어제 낮에 신문지 말아 일격에 쳐죽였던 파리님, 그리고 일체를 통해 당신 자신을 드러내고 있는 일체의 일체님. (1995.8.12)

당신을 어디서나

하느님, 당신을 진정으로 사랑하는 사람이면 당신을 어디에서고 느낄 수 있습니다. 스피커와 엔진소리 들끓고 매연냄새 진동하는 곳, 재떨이마다 피어오르다 만 담배꽁초들 빽빽이 머리를 처박고 있고 길가의 질경이풀들은 고개를 들다 다시 짓밟히는 곳, 하느님과는 전혀 상관없는 듯 오고 가는 무수한 상인들과 여행자들로 가득찬 곳, 이 터미널 한가운데서도 말입니다.

차창 밖으로 보이는 싱그러운 산의 녹음에서나, 차창 안에 흐르는 권태와 나른함과 귀를 피곤케 하는 대중가요 음률 속에서도 당신을 느낍니다. 당신은 그 어느 곳에도 안 계시지만 온 세상 모든 것에 가득 차 계십니다. (1992.6.29)

깊은 기도

일단 기도의 깊은 상태에 도달하면 나 혼자서 기도하고 있던 것이 아님을 깨닫게 된다. 내 몸을 받치고 있는 의자도, 책들도, 풀벌레 소리도, 머리 위의 십자고상도, 눈을 껌뻑이며 졸고 있는 촛불도, 불빛에 흔들리며 무언가 주문을 외고 있는 벽도, 나를 둘러싼 무형의 공기와 내 몸 속으로 드나드는 무수한 호흡들도, 이 몸의 모든 감각기관도 ….

온통 기도하고 있는 거대한 유기체 속에 나란 존재가 속해 있었음을 깨닫게 된다. 말없이 조용히 내곁에서 그것들도 기도하고 있었음을 비로소 느끼게 된다. 나만 기도하는 것이 아니라 내가 만유와 더불어, 만유가 나와 더불어 기도하고 있었음을 안다. (1992.9.25)

아픈 충고

"한번도 배가 고파 눈물 흘려 본 적이 없고, 한번도 등 따시게 잘 곳이 없어 헤매어 본 적이 없고, 한번도 소외된 자들의 처절한 고독과 신음에 동참해 본 적이 없는 목자(牧者), 또 그러한 사람들에 의해 이끌어지는 교회, 하느님은 이미 그들과 함께 계시지 않는다"는 아픈 충고를 한 신자로부터 듣는다.

그렇다. 나 자신이 가난하지 않으면 나는 결코 가난한 이의 벗이 되어 줄 수 없다. 내가 먼저 굶주리지 않으면 나는 결코 굶주린 이의 벗이 되어 줄 수 없다. 나 자신이 소외된 삶을 살지 않으면 나는 결코 소외당하는 이의 벗이 되어 줄 수 없다.

내가 진정 그들의 벗이 되기를 원한다면 그들과 나 사이에 있는 이 벽을 허물어야 한다. 그들과 나를 단절시키고 있는 이 강을 건너야 한다. 다 버리고 건너야 한다. (1996.7.3)

밤 시간

하루 일과가 끝나고 방으로 돌아와 기도서를 펴 놓고 그와 마주 앉는다. 어디든 그와 함께 있으면 그곳이 곧 깊은 산 속이 된다. 촛불 하나 켜 놓고 이 적막한 우주에 그와 나만이 서로 마주보고 앉아 있다. 다른 아무것도 중요한 일이 없다. 말을 그치고 오직 귀만 열어둔다. 촛불을 끄면 차가운 달빛만이 빈 방에 가득차 출렁거린다.

아, 인생이란 얼마나 고적한 것이냐!

수많은 사람들과 함께 걸어가고 있다고 생각하지만 실은 언제나 혼자 걷고 있는 것. 너무나 무료하면서도 또한 너무나 경이로운 것. 꽉 차 있으면서도 텅 빈 것. 수많은 옷을 입고 있지만 실은 벌거벗은 것. 살아간다고 생각하지만 실은 죽어가는 것. (1996.5.17)

나

내원사 뒷산 정상에서 바위 위에 호젓이 앉아 있는데, 바람이 눈 앞의 무성한 상수리나무 잎사귀들을 흔들며 묻는다.
"너는 누구냐! 너는 누구냐! 너는 누구냐!"
나는 누구인가? 가장 가까이 있으면서도 가장 낯선 존재, 가장 친하면서도 가장 두려운 존재, 가장 잘 알면서도 전혀 무지인 대상- 나 자신. 내가 전 일생을 걸고 만나야 할 사람은 내 밖의 그 누구도 아닌 바로 나 자신이다. (1994.6.3)

그녀의 십자가

눈 앞의 작은 십자가도 힘겹게 느껴져 도망치고 싶은 날, 나까무라 히사꼬를 생각한다.
양 팔 양 다리도 없이 통나무 같은 몸으로 일생을 살았던 한 일본 여인이 있었다. 세 살 때 사지를 절단하고, 일곱 살 때 부친을 잃는 등 모진 운명 속에서도 그녀는 입으로 바느질하고 글씨 쓰고 그림을 그리며 자기 힘으로 살았다.
72세로 세상을 떠날 때까지 세 번의 결혼을 했고 두 딸을 훌륭히 성장시켰으며, 누구보다도 치열하게 일생을 개척했던 그녀는 만년에 이렇게 고백하고 있다.
"사지가 절단된 몸이 오히려 나를 깨달음과 구원에로 이끌어 준 스승이었다"라고.
그녀의 삶을 생각하면 사지가 멀쩡한 나의 육신이 부끄러워진다. 누구에게나 저마다의 십자가가 있는 것, 그 십자가는 거부하는 자에게는 고통스런 형틀로 다가오고, 받아들이는 자에게는 구원의 징검다리로 다가온다. 똑같은 세상에서 어떤 사람은 천국을 살고 있고, 어떤 사람은 지옥을 살고 있다. (1995.6.28)

달빛 사랑

"주님, 제가 세 가지 큰 죄를 범했으니 용서를 청합니다. 첫째, 저는 어디에나 계시는 당신의 현존을 알아차리지 못하고 당신의 많은 성지로 순례를 갔었습니다. 둘째, 당신은 제가 잘 사는 것에 대해 저보다 더 마음을 쓰신다는 것을 잊어버리고 꽤 자주 당신께 도와 주십사고 외쳤습니다. 그리고 끝으로 우리의 죄는 범하기도 전에 이미 용서되었다는 것을 알면서도 이렇게 용서를 청하고 있습니다."

기도가 잘 되지 않는 날, 어떤 힌두교인의 기도문을 펴서 읽는다. 때론 그에게 다가가려는 나의 노력이 그가 나에게 오는 길을 방해한다. 사랑하려 애쓰는 것보다 더 중요한 것은 그가 나를 억만 배나 더 사랑하고 있음을 받아들이는 것. 나의 사랑이 여름밤 반딧불이라면 그의 사랑은 가을밤 온 누리 구석구석을 비추는 달빛이다. (1993.9.20)

눈뜬 날

생전 처음 내가 여기 앉아 있구나. 생전 처음 걷고 있구나. 생전 처음 밥을 먹고 있구나.

아, 생전 처음 뜨락에 꽃이 피어 있구나. 생전 처음 누군가 내 곁에서 나와 함께 살고 있구나. 생전 처음으로 이 세상에 아침이 오고 있구나.

눈만 뜨면 여기가 거기였던 것을, 자기 집 뜰 앞에 파랑새를 두고 너무도 먼 길을 헤매었구나. (1992.3.16)

올해의 유서를 쓰며

떨어짐이 있기에 꽃의 피어 있는 순간이 아름답고, 어둠이 있기에 촛불은 더욱 황홀히 빛난다. 이별이 있기에 그 만남

이 소중해지고, 죽음이 있기에 비로소 우리의 삶은 눈물겹도록 아름답다.

　죽음은 나를 키우는 스승, 내 삶의 옷매무시를 바로잡아주는 맑은 거울, 오늘도 그 거울 앞에서 내 마지막 모습을 생각한다.

　미워하지 않고 사랑하기에도 우리 삶은 너무 짧고 이미 받은 것을 돌려주기에도 남은 기간은 늘 부족한 것. 나보다 더 슬픈 이들의 눈에서 눈물을 닦아주며, 이 세상 가장 어두운 곳에서 숨어있는 한 가닥 빛이 되리라. 　　　　(1998.1.1)

● 초판 발문(跋文)

참 맑다

정채봉 (동화 작가)

초등학교 다니던 시절, 크레파스 가운데 가장 쓰여지지 않았던 색을 들라면 누구나 하얀색을 들 것이다. 그러나 단 한 사람, 이대근 신부님의 크레파스 통에서는 반대로 하얀색이 가장 먼저 닳아져 없어지지 않았을까 생각되어진다. 달빛 같은 하얀색으로 그려 놓은 그림을 보는 듯한 시이기 때문이다.
이 이를 처음 만난 것은 지난 해 늦가을날 밤이었다. 자정 무렵에 도착해서 차 한 잔을 마시고 이내 왔던 길을 되짚어서 당진으로 떠났다. 배웅하고서 하늘을 보니 초승달이 걸려 있었다. 초승달이 그를 내내 따르려니 생각하고 집에 들어와 놓고 간 원고를 펼쳤다.

    매일 밤 그는 긴 편지를 써서 불꺼진 내 창가에 놓고 간다
    어떤 날은 깨어 있다가 그의 편지를 받기도 한다
    오늘도 그는 뜰 앞의 높은 잣나무 가지에 턱을 괴고
    조용히 내 창가를 바라보며
    편지를 쓰고 있다
    방에 불을 켜고는 그의 편지를 읽을 수 없다
    뜨락에 숨어사는 귀뚜라미들도 그의 편지를 받았는지

소리 높여 저마다의 목소리로
　　그것을 나에게 읽어주고 있는데
　　나는 편지 속에 담긴 그의 조용한 목소리를
　　아무에게도 전해 줄 수 없다
　　이 세상 누구로부터도 받을 수 없는 황홀한 연애편지를
　　날마다 그에게서 받으며
　　이렇게 살고 있다 ('달빛 편지')

이 얼마나 은은한가. 새하얀 은박지에 봉숭아꽃물 든 약지 손톱으로 그려 놓은 무색(無色)의 세상이 아닌가. '방에 불을 켜고는 읽을 수 없는 편지'. 빨강을 비롯한 저 아우성치는, 아니 괴성을 지르는 유채색 편에서 본다면 적막하기 그지없는 달빛을 황홀히 연모하는 이 이가 도리어 이상할 것이다. 그러나 그는 당당히 고백한다. '이렇게 살고 있노라'고. 이는 어쩌면 '팔구월 신작로 길 양 옆을 가득 메운 코스모스'와 '오뉴월 한참 물기가 오른 냇가의 버드나무나 보리대궁으로 피리를 만들어 불던'('시와 고향') 유년의 고향 뻘 덕분일지도 모른다.
물이 맑으면 아무리 깊은 강 속도 훤히 보인다.
이 이는 너무 맑다. 시의 내장까지도 훤히 보일 정도다.
이 이는 그의 시가 '새벽 첫 우물물'이기를 바라고 '석양보다 더 붉은 참회'이기를 바란다. 그러나 여늬 신인들처럼 시의 단순 생산자이기를 거부한다. '시보다 더 아름다운 삶'을 구하며 절대자를 만나는 가교로서 시에 의지한다고 그의 시 '시인의 기도'에서 밝히고 있다.
그러나 대단히 외람된 말씀이지만 이 이는 퍼내지 않고는 배겨낼 수 없는 시샘(詩泉)이 그의 가슴 한 가운데 있음을 이 시집을 읽은 분들 또한 나처럼 눈치챘으리라 믿는다. 억지로 쓰려고 해서 된 시가 아니라 물이 퐁퐁퐁 솟아나는 듯 시가 절로 하얀 눈 위의 사슴 발자국처럼 찍혀져 있지 않은가.
그의 가슴이 움직이면 모두 시를 담아내오는 것이다. 산에서, 노을에서, 돌에서, 풀에서 이슬 한 방울, 별빛 한 실금 스친 사실이 이 이의 영혼에 이르면 절대자로의 그리움이 되는 것이다.

  가을 산행길에서 절로 영글어 떨어진 밤 한 톨 줍다.
  만지작거리다 꽉 깨무는 순간 밤벌레 한 마리 고개를 쏙 내민다. 나도 깜짝 놀랐지만 그 녀석은 더 소스라치게 놀란 표정이다.
  나는 하마터면 그 녀석의 징그러운 몸뚱이를 깨물 뻔했다는 사실에 놀랐고, 그 녀석은 태어나면서부터 살아온 세상 전체가 갑자기 두 쪽이 나고 생명까지 두동강날 뻔한 일생일대의 엄청난 사태에 놀랐다.

  아, 누가 있어 어두운 밤 속에 있는 나의 이 집도 흔들어 깨물어 줄 것인가? 그 앞에 나도 이 추한 몸뚱이를 그대로 드러내고 싶다.
  자기가 전부라고 생각했던 세계가 박살나면서 나타난 시리도록 푸른 하늘, 그 하늘을 보면서 밤벌레는 죽었다.
  나도 그처럼 죽고 싶다. 단 한 번만 그 하늘을 볼 수 있다면 굳이 애벌레가 나비로 변하지 않아도 그냥 지금 이대로 죽어도 좋다.('가을 산행길에서')

이는 한 마리 밤벌레에서 깨우친 천지개벽이 아닌가. 그런가

하면 이 이는 가끔씩 하루살이들과 함께 미사를 드리다가 하아얀 제대포 위에 날아든 베짱이의 작은 눈에서 '수천 억의 모래알이 빛나는 밤하늘을 우러러보는 황망스러움'('미사 일기Ⅱ')의 내밀한 신비를 고백하고 있기도 하다.
어쩌면 입선(入禪)의 경지에 든 이 이의 시에서 허심(虛心)의 청복(淸福)을 나누어 가는 이 많으리라 믿는다.

  밟은 이 있어도 발자국 없고
  죽지 않고는 오를 수 없고 오르지 않고는 살지 못할
  마음 속에 아득한 산 하나 ('산')

그 산에 나도 하찮을 망정 내 꽃을 올린다.

● 초판 후기(後記)

마치 첫 출산하는 여인이 열 달 동안의 설레임과 두려움, 그리고 긴 기다림 끝에 아이 하나를 낳듯이, 그 심경으로 이 시집을 세상에 내어놓습니다.
여기 실린 시들은 주로 반은 신학교에서, 그리고 반은 사제 생활 중에 쓰여진 것들입니다. 뒤에 실린 두 편의 글 중에서 '시와 고향'은 신학생 때 쓰여진 것이지만 여기 함께 넣게 되었습니다.
살아오는 동안 너무도 많은 것을 거저 받았습니다.
이 소중한 생명과 건강, 사랑하는 모든 이들과의 만남, 사제라는 고귀한 성소(聖召), 그리고 시를 쓸 수 있는 능력 등 ···. 이 과분한 은총의 선물들을 통하여 그분께 더 큰 영광을 드릴 수 있기를 바랍니다.
사람의 마음을 맑게 걸러 주는 아름다운 시는 오로지 아름다운 마음의 경지를 지닌 이에게서만 나올 수 있음을 알기에, 좋은 시를 쓰려 하기보다 먼저 제 삶을 아름답게 가꾸려고 노력하겠습니다.
귀한 시간을 내서 글을 써 주신 김남조 선생님과 정채봉 선생님, 늘 힘이 되어 주고 있는 동기 신부님들, 그리고 주님을 향한 삶의 여정에서 만나서 제 스승이 되어 주신 모든 신부님들, 수녀님들, 교우들, 벗들께 깊은 감사를 드립니다.

       1998년 봄에
                이 대 근

당신을 사랑한다 말하지 않게 하소서(증보판)

초판 발행 1998년 4월 15일
증보판 제1쇄 인쇄 2025년 10월 20일
　　　제1쇄 발행 2025년 10월 30일

지은이 | 이대근
펴낸이 | 김성호

펴낸곳 | 도서출판 사람과 사람
주소 | 서울시 마포구 월드컵로 32길 52-7(101호)
전화 | (02)335-3905　팩스 | (02)335-3919
등록 | 1991년 5월 29일 제1-1224호

값 13,000원

ISBN 978-89-85541-00-8　03810
ⓒ 이대근, 2025, Printed in Korea
판권 본사소유 | 잘못된 책은 바꿔 드립니다.